MW01231556

LINGUAGGIO DEL CORPO

CORPO

Tecniche e strategie di psicologia comportamentale e comunicazione non verbale per analizzare le persone

Scritto da

Luca Tosi

Titolo | LINGUAGGIO DEL CORPO

modificare, distribuire, vendere, utilizzare, citare o parafrasare nessuna parte del contenuto di questo libro senza lo specifico consenso dell'autore o del proprietario dei diritti di copyright.

Qualsiasi violazione di questi termini sarà sanzionata secondo quanto previsto dalla legge.

Disclaimer:

Si prega di notare che il contenuto di questo libro è esclusiva-mente per scopi educativi e di intrattenimento. Ogni misura è stata presa per fornire informazioni accurate, aggiornate e completamente affidabili. Non sono espresse o implicate garanzie di alcun tipo. I lettori riconoscono che il parere dell'autore non è da sostituirsi a quello legale, finanziario, medico o professionale.

SOMMARIO

INTRODUZIONE

Quando parliamo di "comunicazione", spesso intendiamo "quello che diciamo": le parole che usiamo. Questo metodo è un sentiero molto complesso che porta chiunque a considerare mille sfaccettature. Una rosa abbastanza ampia di segnali che vengono espressi attraverso comportamenti non verbali.

La comunicazione non verbale(CNV) riguarda anche l'espressività facciale, il range della voce, i gesti visualizzati attraverso il linguaggio del nostro corpo (cinetica) e la distanza fisica tra i comunicatori (prossemica).

Tutto questo compendio di studio aiuta senz'altro a definire i significati nascosti, che, normalmente, non capiremmo solo con la comunicazione parlata (verbale). In effetti, alcune stime suggeriscono che circa il 70-80% della comunicazione è non verbale!

La CNV aiuta le persone a:

Rafforzare o modificare ciò che viene detto a parole.

Ad esempio, chi annuisce vigorosamente sottolinea che è d'accordo con l'altra persona. Una scrollata di spalle e un'espressione triste quando si dice "Sto bene, grazie" possono effettivamente significare che le cose non vanno affatto bene!

Trasmettere informazioni sul loro stato emotivo.

—

Tutto questo permette di leggerti come un libro aperto, quindi di dare tutte quelle informazioni che normalmente non capiremmo assolutamente. Possiamo quindi dire che è grazie alla comunicazione non verbale che siamo in grado di carpire tutte le informazioni necessarie ad ogni singolo rapporto sociale/lavorativo.

Definire o rafforzare la relazione tra le persone.

Se hai mai visto una coppia seduta a parlare, potresti aver notato che tendono a "rispecchiare" il linguaggio del corpo dell'altro. Tengono le mani in posizioni simili, sorridono allo stesso tempo e si girano l'uno di fronte all'altro in modo più completo.

Fornire feedback all'altra persona.

Regolare il flusso di comunicazione

Ci sono una serie di segnali che utilizziamo per dire alle persone che abbiamo finito di parlare o che desideriamo parlare. Un cenno enfatico e una chiusura decisa delle labbra indicano che non abbiamo più niente da dire, per esempio. Guardare negli occhi il presidente di una riunione e annuire leggermente indicherà che desideri parlare.

Imparare la lingua

Certo non è assolutamente semplice: ci vuole dedizione e una capacità a interiorizzare le varie percezioni che derivano da chi abbiamo davanti. In questo modo avremo la possibilità di definire un quadro esatto.

Questo, ovviamente, è assolutamente vero.

Purtroppo, però, interpretare la comunicazione non verbale non è comunque facile. Ma la pratica e la conoscenza ci daranno la possibilità di scoprire questo mondo affascinante.

La comunicazione non verbale consiste quindi in un alfabeto di espressioni, movimenti delle mani e degli occhi, posture e gesti che dovrebbero essere interpretati insieme al parlato.

Comunicazione non verbale nella scrittura

Nel corso degli anni, molte persone hanno sostenuto che le parole scritte contengono anche comunicazione non verbale. La tua calligrafia può dare indizi su come ti sentivi quando hai scritto, per esempio, e al giorno d'oggi la tua scelta di carattere e colore fornisce ulteriori informazioni.

La buona notizia è che la maggior parte di noi impara a interpretare la comunicazione non verbale mentre cresce e si sviluppa. È una parte normale del modo in cui comunichiamo con le altre persone e la maggior parte di noi lo usa e lo interpreta in modo abbastanza inconscio.

Un esempio lampante: lo stereotipo popolare degli italiani, che prevede grandi gesti, molti saluti di mano e un sacco di urla forti ed concitate, può essere uno stereotipo, ma esiste per una ragione. Nella cultura italiana l'entusiasmo è mostrato molto più chiaramente che nel Regno Unito, per esempio. La comunicazione non verbale tende ad essere molto più ovvia. Questo può rendere molto più difficile per gli italiani interpretare la comunicazione non verbale nel Regno Unito o negli Stati Uniti, dove è più sottile. Tuttavia, anche in Italia, ci sono variazioni geografiche.

L'importanza della comunicazione non verbale

È essenziale ricordare che i segnali non verbali possono essere importanti, o in alcuni casi anche più importanti, di ciò che diciamo.

La comunicazione non verbale può avere un grande impatto sull'ascoltatore e sul risultato della comunicazione.

Le persone tendono ad avere un controllo molto meno consapevole sui propri messaggi non verbali rispetto a ciò che stanno effettivamente dicendo.

Ciò è in parte dovuto al fatto che la comunicazione non verbale è di natura molto più emotiva e quindi molto più istintiva.

Se c'è una mancata corrispondenza tra i due, quindi, dovresti probabilmente fidarti dei messaggi non verbali anziché delle parole usate.

La mancanza di messaggi non verbali può anche essere un segnale di sorta, suggerendo che l'oratore sta controllando attentamente il proprio linguaggio del corpo e potrebbe cercare di nascondere le vere emozioni.

Esaminiamo i vari tipi. Esistono molti tipi diversi di comunicazione non verbale. Essi includono:

- Movimenti del corpo (cinetica), ad esempio gesti delle mani, annuire o scuotere la testa, che sono spesso l'elemento più facile da controllare della comunicazione non verbale;

- Postura, come stai in piedi o seduto, se le tue braccia sono incrociate e così via;

- Contatto con gli occhi, dove la quantità di contatto con gli occhi spesso determina il livello di fiducia e affidabilità;

- Paralinguaggio, o aspetti della voce oltre al discorso, come tono, enfasi e velocità di parola;

- Vicinanza o spazio personale (prossemica), che determina il livello d'intimità e che varia molto a seconda della cultura;

- Espressioni facciali, inclusi sorridere, aggrottare la fronte e sbattere le palpebre, che sono molto difficili da controllare consapevolmente. È interessante notare che le ampie espressioni facciali che mostrano forti emozioni, come paura, rabbia e felicità, sono le stesse in tutto il mondo;

- Cambiamenti fisiologici, ad esempio potresti sudare o battere le palpebre di più quando sei nervoso, e anche la tua frequenza cardiaca è probabile che aumenti. Questi sono quasi impossibili da controllare consapevolmente e sono quindi un indicatore molto importante dello stato mentale.

In questo libro ci occuperemo di tutto questo e approfondiremo con parsimonia e cautela questo compendio d'informazioni al fine di riuscire a carpire tutti i segreti del linguaggio del corpo, per poterne usufruire in tutte le situazioni.

LA COMUNICAZIONE NON VERBALE: CARATTERISTICHE

È difficile non sottolineare o ignorare l'importanza di una comunicazione non verbale efficace.

Ci sono distinzioni tra comunicazione verbale e non verbale?

La comunicazione verbale è la comunicazione che le persone usano nella comunicazione vocale, come le parole pronunciate e le parole scritte. Fondamentalmente, la comunicazione verbale è l'uso di suoni e parole per esprimere te stesso.

I tipi di comunicazione che esistono con la comunicazione non verbale sono anche la vocale e la non vocale. La differenza è che per la comunicazione vocale le persone tendono a usare di più il tono vocale, l'enfasi o il ritmo tra gli altri, e per la comunicazione non vocale le persone tendono a usare di più i loro gesti, movimenti, espressioni facciali, tocco o aspetto.

I vantaggi di avere grandi capacità di comunicazione non verbale potrebbero essere molto utili per le tue relazioni sociali, le tue relazioni sentimentali e le presentazioni accademiche o di lavoro. Inoltre, avere una buona comunicazione verbale può dare una grande soddisfazione alle persone con cui stai parlando per capire cosa stai cercando di dire. Allo stesso tempo, potrebbero esserci alcuni svantaggi nell'avere una comunicazione non verbale diversa. Le persone potrebbero sicuramente confondersi, se qualcuno sta cercando di comunicare qualcosa ma allo stesso tempo il suo linguaggio del corpo dice qualcosa che è l'esatto contrario.

Ad esempio, nella nostra società, abbiamo alcuni segnali di comunicazione non verbale che tutti capirebbero senza dire una parola: ogni volta che vogliamo dire "sì" le persone possono semplicemente annuire con la testa su e giù e le persone capiscono automaticamente. Succede la stessa cosa con la parola "no", se le persone vogliono dire questa parola senza parlare possono usare perfettamente la loro comunicazione non verbale e muovere la testa da un lato all'altro per farsi capire.

Qualcosa che le persone dovrebbero capire ed è molto importante per la comprensione dei segnali non verbali nella nostra cultura, è che potrebbero esserci diversi gesti, linguaggio del corpo, espressioni facciali o il contatto, che hanno significati diversi in tutto il mondo. Ad esempio, in alcuni Paesi dell'America Latina e dell'Europa salutare con due baci o un bacio è solo una questione di buone maniere, ma allo stesso tempo se saluti una persona che hai appena incontrato in un Paese come gli Stati Uniti con uno o due baci sarebbe un po' strano e probabilmente molto scomodo per le due persone. Questi semplici linguaggi del corpo che le persone hanno in tutto il mondo potrebbero significare qualcosa di totalmente diverso, ecco perché è molto importante avere grandi capacità nella comunicazione non verbale.

In conclusione, è difficile non sottolineare la grande importanza delle abilità e delle conoscenze che le persone nella nostra società dovrebbero avere nelle caratteristiche della comunicazione non verbale, e ancora più difficile non sottolineare tutti i vantaggi di avere le capacità di un buon linguaggio del corpo quando si comunica.

L'IMPORTANZA DELLA COMUNICAZIONE NON VERBALE

I tuoi segnali di comunicazione non verbale - il modo in cui ascolti, guardi, ti muovi e reagisci - dicono alla persona con cui stai comunicando se ci tieni o meno, se sei sincero e quanto bene stai ascoltando. Quando i tuoi segnali non verbali corrispondono alle parole che stai dicendo, aumentano la fiducia, la chiarezza e il rapporto. Quando non lo fanno, possono generare tensione, sfiducia e confusione.

Se vuoi diventare un comunicatore migliore, è importante diventare più sensibile non solo al linguaggio del corpo e ai segnali non verbali degli altri, ma anche ai tuoi.

La comunicazione non verbale può svolgere cinque ruoli:

- Ripetizione: ripetendosi spesso rafforza il messaggio che stai facendo verbalmente.
- Contraddizione: può contraddire il messaggio che stai cercando di trasmettere, indicando così al tuo ascoltatore che potresti non dire la verità.

- Sostituzione: può sostituire un messaggio verbale. Ad esempio, la tua espressione facciale spesso trasmette un messaggio molto più vivido di quanto le parole possano mai fare.
- Complementare: può aggiungere o completare il tuo messaggio verbale. In qualità di capo, se dai una pacca sulla spalla a un dipendente oltre a lodarlo, puoi aumentare l'impatto del tuo messaggio.
- Accentuazione: può accentuare o sottolineare un messaggio verbale. Battere il tavolo, ad esempio, può sottolineare l'importanza del tuo messaggio.

TIPI DI COMUNICAZIONE NON VERBALE

Espressioni facciali

Movimento e postura del corpo

Gesti. I gesti sono intessuti nelle trame della nostra vita quotidiana. Puoi salutare, indicare, fare un cenno o usare le mani quando discuti o parli animatamente, spesso esprimendoti con gesti senza pensare. Tuttavia, il significato di alcuni gesti può essere molto diverso tra le culture. Mentre il segno "OK" fatto con la mano, ad esempio, di solito trasmette un messaggio positivo nei Paesi di lingua inglese, è considerato offensivo in Paesi come Germania, Russia e Brasile. Quindi è importante fare attenzione a come usi i gesti per evitare interpretazioni errate.

Contatto visivo.

Toccare. Comunichiamo molto attraverso il tatto. Pensa ai messaggi molto diversi dati da una debole stretta di mano, una pacca paterna sulla testa o una presa di controllo sul braccio, per esempio.

Spazio. Ti sei mai sentito a disagio durante una conversazione perché l'altra persona era troppo vicina e invadeva il tuo spazio? Abbiamo tutti bisogno di spazio fisico, sebbene tale esigenza differisca a seconda della cultura, della situazione e della vicinanza della relazione. Puoi utilizzare lo spazio fisico per comunicare molti messaggi non verbali diversi, inclusi segnali di intimità e affetto, aggressività o dominio.

Voce. Non è solo quello che dici, è come lo dici. Quando parli, altre persone "leggono" la tua voce oltre ad ascoltare le tue parole. Pensa a come il tuo tono di voce può indicare sarcasmo, rabbia, affetto o sicurezza.

La comunicazione non verbale può essere falsificata?

Ci sono molti libri e siti web che offrono consigli su come usare il linguaggio del corpo a tuo vantaggio. Ad esempio, possono istruirti su come sederti in un certo modo, stringere le dita o stringere la mano per sembrare sicuro o affermare il dominio. Ma la verità è che è improbabile che tali trucchi funzionino (a meno che tu non ti senta veramente sicuro e responsabile). Questo perché non puoi controllare tutti i segnali che invii costantemente su ciò che pensi e provi veramente. E più ci provi, più è probabile che i tuoi segnali vengano percepiti.

Tuttavia, ciò non significa che tu non abbia alcun controllo sui tuoi segnali non verbali. Non devi essere d'accordo, o anche solo accettare quello che viene menzionato, ma per comunicare in modo efficace e non creare scudi difensivi negli altri puoi utilizzare metodi consapevoli per non inviare segnali negativi, mantenendo una posizione aperta e tentando veramente di farlo; capire cosa stanno dicendo e perché.

Ciò che comunichi attraverso il linguaggio del corpo e i segnali non verbali influenza il modo in cui gli altri ti vedono, quanto ti apprezzano e ti rispettano e se si fidano o meno di te. Sfortunatamente molte persone inviano segnali non verbali confusi o negativi senza nemmeno saperlo. Quando ciò accade, sia la connessione che la fiducia nelle relazioni vengono danneggiate, come evidenziano i seguenti esempi:

Jack

crede di andare molto d'accordo con i suoi colleghi al lavoro, ma se chiedessi a qualcuno di loro direbbe che Jack è "intimidatorio" e "molto intenso". Piuttosto che guardarti, sembra divorarti con i suoi occhi. E se ti prende la mano, si lancia per prenderla e poi ti stringe così forte che fa male. Jack è un ragazzo premuroso che segretamente desidera avere più amici, ma il suo imbarazzo non verbale tiene le persone a distanza e limita la sua capacità di fare carriera al lavoro.

Arlene

è attraente e non ha problemi a incontrare uomini affini, ma ha difficoltà a mantenere una relazione per più di pochi mesi. Arlene è divertente e interessante, ma anche se ride e sorride costantemente, irradia tensione. Le sue spalle e le sopracciglia sono notevolmente sollevate, la sua voce è acuta e il suo corpo è rigido. Stare vicino ad Arlene fa sentire molte persone ansiose e a disagio.

Ted

pensava di aver trovato l'abbinamento perfetto quando ha incontrato Sharon, ma Sharon non ne era così sicura. Ted è di bell'aspetto, laborioso e un parlatore tranquillo, ma sembrava preoccuparsi più dei suoi pensieri che di quelli di Sharon. Quando Sharon aveva qualcosa da dire, Ted era sempre pronto con occhi selvaggi e una confutazione prima che potesse finire il suo pensiero. Questo ha fatto sentire Sharon ignorata e presto ha iniziato a frequentare altri uomini. Ted perde il lavoro per lo stesso motivo. La sua incapacità di ascoltare gli altri lo rende impopolare presso molte delle persone che ammira di più.

Queste persone intelligenti e ben intenzionate lottano nel tentativo di connettersi con gli altri. La cosa triste è che non sono consapevoli dei messaggi non verbali che comunicano.

Se vuoi comunicare in modo efficace, evitare incomprensioni e godere di relazioni solide e di fiducia sia socialmente che professionalmente, è importante capire come usare e interpretare il linguaggio del corpo e migliorare le tue capacità di comunicazione non verbale.

Come migliorare la conoscenza non verbale

La comunicazione non verbale è uno studio che richiede la tua piena concentrazione sull'esperienza giorno dopo giorno. Se stai pianificando quello che dirai dopo, controllando il telefono o pensando a qualcos'altro, sei quasi certo di perdere i segnali non verbali e di non comprendere appieno le sottigliezze di ciò che viene comunicato. Oltre ad essere pienamente presente, puoi migliorare il modo in cui comunichi in modo non verbale imparando a gestire lo stress e sviluppando la tua consapevolezza emotiva.

Impara a gestire lo stress nel momento

Lo stress compromette la tua capacità di comunicare. Quando sei stressato, è più probabile che tu interpreti male le altre persone, invii segnali non verbali confusi o scoraggianti e cadi in schemi comportamentali malsani. E ricorda: le emozioni sono contagiose. Se sei turbato, è molto probabile che gli altri si arrabbino, peggiorando così una brutta situazione.

Se ti senti sopraffatto dallo stress, prenditi una pausa. Prenditi un momento per calmarti prima di riprendere la conversazione. Una volta ritrovato il tuo equilibrio emotivo, ti sentirai meglio equipaggiato per affrontare la situazione in modo positivo.

Il modo più veloce e sicuro per calmarti e gestire lo stress in questo momento è utilizzare i tuoi sensi - ciò che vedi, senti, odori, gusti e tocchi - o attraverso un movimento rilassante. Guardando una foto di tuo figlio o animale domestico, annusando un profumo preferito, ascoltando un determinato brano musicale o schiacciando una palla antistress, ad esempio, puoi rilassarti e rimettere a fuoco rapidamente. Poiché tutti rispondono in modo diverso, potrebbe essere necessario sperimentare per trovare l'esperienza sensoriale che funziona meglio per te.

Sviluppa la tua consapevolezza emotiva

Per inviare segnali non verbali accurati, devi essere consapevole delle tue emozioni e di come ti influenzano. Devi anche essere in grado di riconoscere le emozioni degli altri e i veri sentimenti dietro i segnali che stanno inviando. È qui che entra in gioco la consapevolezza emotiva.

Essere emotivamente consapevoli ti consente di:

- Leggere accuratamente le altre persone, comprese le emozioni che provano e i messaggi non detti che stanno inviando.
- Creare fiducia nelle relazioni inviando segnali non verbali che corrispondono alle tue parole.
- Rispondere in modi che dimostrino agli altri che comprendi e che t'interessano.

Molti di noi sono disconnessi dalle proprie emozioni, specialmente emozioni forti come rabbia, tristezza, paura, perché ci è stato insegnato a cercare di spegnere i nostri sentimenti. Sebbene tu possa negare o intorpidire i tuoi sentimenti, non puoi eliminarli. Sono ancora lì e stanno ancora influenzando il tuo comportamento. Sviluppando la tua consapevolezza emotiva e connettendoti anche con le emozioni spiacevoli, otterrai un maggiore controllo su come pensi e agisci.

POTERE E LINGUAGGIO DEL CORPO

Il linguaggio del corpo è un'orchestra silenziosa, poiché le persone danno costantemente indizi su ciò che pensano e sentono. I messaggi non verbali, inclusi i movimenti del corpo, le espressioni facciali, il tono e il volume della voce e altri segnali, sono noti collettivamente come linguaggio del corpo.

Le microespressioni (brevi manifestazioni di emozione sul viso), i gesti delle mani e la postura si registrano tutti nel cervello umano quasi immediatamente, anche quando una persona non è consciamente consapevole di aver percepito qualcosa. Per questo motivo, il linguaggio del corpo può colorare fortemente il modo in cui un individuo viene percepito e come lui o lei, a sua volta, interpreta la motivazione, l'umore e l'apertura degli altri. È naturale specchiarsi: fin dall'infanzia, un neonato muove il suo corpo al ritmo della voce che sente.

Il linguaggio del corpo è una forma vitale di comunicazione, ma la maggior parte avviene al di sotto del livello di consapevolezza cosciente. Fortunatamente, con la conoscenza e un po' di pratica è possibile esercitare una certa misura di controllo sul proprio linguaggio del corpo, e diventare più abili nel leggere gli altri.

Come posso imparare a leggere il linguaggio del corpo?

Il viso è il primo posto in cui guardare: le sopracciglia inarcate potrebbero indicare una sorta d'invito, e sorridere è un'altra indicazione che la persona può lanciare.

Cos'è il mirroring?

Una forma comune di linguaggio del corpo rispecchia i gesti e le maniere di un'altra persona; rispecchiare include anche imitare i modelli di linguaggio e persino gli atteggiamenti di un'altra persona. Questa è una metodologia utile a rafforzare adesioni sociali con gli altri. Impariamo imitando gli altri, ed è principalmente un'azione inconscia.

Il mirroring viene utilizzato nella persuasione?

Se pensi di convincere e "ipnotizzare" una persona che hai davanti, il mirroring può essere la soluzione giusta. I venditori che lo usano con potenziali clienti prestano loro molta attenzione e ascoltano, osservano, imitano con risultati positivi.

Lo specchio è un segno di attrazione?

Le persone che sono attratte l'una dall'altra in effetti si copiano a vicenda i movimenti e le maniere. In effetti, anche molti animali si rispecchiano. Questo è il motivo per cui i gatti si circondano l'un l'altro e gli scimpanzé si guardano l'un l'altro prima del rapporto.

Cosa trasmette una testa inclinata?

Se inclini la testa mentre guardi un bambino, il bambino si rilassa. Perché? Lo stesso vale per le coppie innamorate, inclinare la testa espone il collo e forse mostra vulnerabilità. La persona con la testa inclinata è percepita come più interessata, attenta, premurosa e con meno impegni.

Come fanno i tuoi occhi a esprimere come ti senti?

Bloccare gli occhi o coprirsi gli occhi esprime emozioni come frustrazione e preoccupazione. E a volte le palpebre si chiudono per mostrare determinazione, mentre a volte le palpebre sbattono per mostrare che hai fatto un pasticcio e ti senti imbarazzato.

Cosa significa toccarti il collo?

Quando sei stressato, toccare o accarezzare il collo segnala un comportamento pacificante. Ci strofiniamo tutti il collo dietro, ai lati e anche sotto il mento. La zona carnosa sotto il mento ha terminazioni nervose e accarezzarla abbassa la frequenza cardiaca e ci calma.

Cosa significano i diversi gesti delle mani?

Le mani rivelano molto su una persona. Quando ti senti sicuro, lo spazio tra le dita aumenta, ma quello spazio diminuisce quando ti senti insicuro. E mentre lo sfregamento delle mani trasmette stress, allargare le dita significa che una persona si sente sicura.

Cosa viene trasmesso con un tocco leggero?

In molte culture, un leggero tocco sul braccio trasmette armonia e fiducia.

Cosa significa incrociare le gambe stando in piedi?

Per far sentire gli altri a proprio agio in piedi, incrociare le gambe mostrerà che sei interessato a ciò che l'altra persona ha da dire. Significa anche: "Prenditi il tuo tempo". Le gambe incrociate in piedi ti aiuteranno a dire che sei a tuo agio con l'altra persona.

Come trasmetti che ti senti neutrale su qualcosa?

Mani irrequiete significano ansia o addirittura noia, e tenere le braccia sui fianchi può significare arroganza. Incrociare le braccia e le gambe è, senza dubbio, una posizione chiusa. Mentre sedersi a braccia aperte invita l'altra persona ad entrare. Se sei seduto e vuoi apparire neutrale, è meglio tenere le mani sulle ginocchia.

Qual è il modo giusto per stringere la mano?

Stringi fermamente la mano mentre guardi negli occhi, ma non stringere troppo la mano della persona: il tuo obiettivo è far sentire qualcuno a suo agio, non affermare il dominio. È importante essere sensibili alle norme culturali: se si riceve una stretta di mano debole, è possibile che la persona provenga da un contesto in cui una stretta di mano gentile è la norma.

Quali sono alcuni errori che facciamo quando leggiamo il linguaggio del corpo?

La maggior parte delle persone pensa che le braccia incrociate siano un segno di aggressività o rifiuto a collaborare. In effetti le braccia incrociate possono segnalare molte altre cose, tra cui ansia, autocontrollo e persino interesse, se la persona che incrocia le braccia sta rispecchiando qualcuno che sta facendo lo stesso.

Tutti i comportamenti non verbali servono a uno scopo?

Per la maggior parte sì. Tutti i primati dimostrano comportamenti tra cui la risposta al raffreddamento e vari comportamenti auto-calmanti, come toccare il collo o far roteare i capelli. Sappiamo che molti comportamenti non verbali sono innati perché anche i bambini ciechi s'impegnano in essi. Tuttavia, alcuni comportamenti rimangono un mistero. E' una scienza che ha ancora tantissimo da rivelare.

Cosa trasmettono le spalle?

Nei maschi, spalle larghe e fianchi stretti sono associati a forza e vitalità; questo si riflette in tutto, dalla forma delle statue greche alle spalle imbottite nelle giacche da uomo. Il modo in cui ci si tiene per le spalle trasmette il dominio e lo stato relativo all'interno di una gerarchia.

Come puoi sapere se qualcuno è profondamente angosciato?

Bloccarsi sul posto, dondolarsi avanti e indietro e contorcersi in posizione fetale sono tutti noti come "comportamenti riservati", poiché vengono utilizzati solo quando una persona sperimenta uno stress estremo. Le sole espressioni facciali possono segnalare questo stato, come stringere o succhiare le labbra, spesso visto quando una persona è arrabbiata o si sente contrita.

Perché non riesco a nascondere come mi sento?

Come animali sociali ci siamo evoluti per mostrare emozioni, pensieri e intenzioni, tutti elaborati dal sistema limbico del cervello. Poiché queste reazioni precedono e talvolta annullano persino la volontà cosciente, il linguaggio del corpo è unicamente in grado di rivelare come si sente una persona, ma solo se un'altra persona è istruita in ciò che indicano questi gesti.

IL POTERE DEL LINGUAGGIO DEL CORPO: NOVE SEGNALI CHE DEVI ASSOLUTAMENTE CONOSCERE

Ci sono tre cose da considerare quando stai tentando di interpretare i segnali del linguaggio del corpo di qualcuno: primo, nota cosa stanno facendo; secondo, capisci cosa sta succedendo loro; terzo, sii onesto su quello che ti sta succedendo. "La maggior parte delle persone legge [il linguaggio del corpo] nel modo sbagliato; presumono che si tratti di loro", dice Patti Wood, un'esperta di comunicazione non verbale e comportamento umano riconosciuta a livello internazionale (e autrice di due libri sul linguaggio del corpo). "Confronto ciò che vedo in una persona con una linea di base, ciò che generalmente so che una persona normale farebbe in quella situazione". Alla fine, c'è una lettura più approfondita, dice Wood, quando analizzi ciò che è normale per quella persona rispetto a come si comporta ora.

È più facile capire e interpretare il linguaggio del corpo di coloro che conosciamo meglio; in effetti, siamo vicini agli esperti del linguaggio del corpo con i nostri più cari amici e familiari, poiché abbiamo una presa su quei comportamenti di base. "Una delle cose che dico ai genitori, alle persone nelle relazioni sentimentali e agli imprenditori è che per leggere meglio le persone, devi passare del tempo con loro. Più tempo passi con loro, più sai qual è il loro status normale e quindi puoi identificare meglio i loro atteggiamenti", spiega Wood.

Il tuo partner romantico: nuova abitudine

Con i coniugi, un cambiamento nelle abitudini di vecchia data può essere significativo, ma è il cambiamento che è importante (non l'abitudine reale). Wood offre come esempio la propensione al sonno: "Stare alzati per guardare un altro episodio quando normalmente vengono a letto con te, o andare direttamente a dormire quando normalmente starebbero ancora svegli, potrebbe essere altrettanto significativo". Ricorda, non è l'abitudine in sé: è la deviazione dalla norma a cui devi prestare attenzione.

Il tuo partner romantico: meno tempo

"Il tempo per me è un comunicatore non verbale davvero profondo", afferma Wood. "Una cosa che accade spesso con l'infedeltà è che cambiano la quantità di tempo [che di solito trascorrono con te]: quanto tempo ascoltano, quanto tempo resteranno e mangeranno un pasto con te, diventano sempre meno importanti. Perderanno del tempo perché è difficile sostenere la menzogna".

Il tuo partner romantico: meno contatto

I tuoi figli: ingressi e uscite

Tutti i genitori di bambini piccoli hanno chiesto: "Cosa è successo a scuola oggi?" "I bambini sotto i cinque anni hanno espressioni facciali che di solito sono incredibilmente rivelatrici", osserva Wood. "Guarda le entrate e le uscite del viso: gli occhi, il naso e la bocca. Si irrigidiranno nelle labbra e nel naso o chiuderanno gli occhi. Quando fai una domanda a qualcuno, se quelle aree si restringono e si chiudono, potrebbe essere un segnale momentaneo, ma c'è qualcosa dentro a cui impediscono di uscire". La nostra intuizione vede questo irrigidimento, ma quando la persona dice che sta bene, spesso prendiamo le parole per vere. Wood consiglia di fidarsi del messaggio non verbale e di rispondere con curiosità. "Le mamme vogliono superare lo stress e arrivare a capire ogni singolo problema del figlio". Ma quando pensi che qualcosa non venga detto, prova a offrire qualcosa: un'apertura in grado di aiutarli a fidarsi di noi.

I tuoi figli: segnali di blocco

Per i bambini più grandi e gli adolescenti, un po' di isolamento e allontanamento è normale, quindi Wood consiglia di costruire rituali per preservare quella familiarità con i loro comportamenti di base, come una passeggiata di 10 minuti fianco a fianco dopo cena ogni sera. Se devi avere una conversazione più conflittuale con tuo figlio, cerca segnali di blocco, come braccia chiuse, gambe incrociate o mani sulla bocca (questo è un segno che potrebbe non dire la verità). "La bocca è la finestra sulla verità, quindi se premono le labbra prima di rispondere, o s'irrigidiscono e si stringono, stanno trattenendo qualcosa. È qualcosa di cui le persone non sono consapevoli; le persone torceranno le loro labbra quasi per trattenere le parole", spiega Wood.

Un'altra area chiave da tenere d'occhio? "Guarda i palmi delle mani: è molto difficile sdraiarsi con i palmi scoperti." Se tuo figlio fa uno dei gesti sopra menzionati, evita di richiamare il comportamento specifico. "Non dire: Stai incrociando le braccia, cosa ti sta succedendo? "

I tuoi figli: alti e bassi

"Una delle cose che leggi sempre nei tuoi figli è se sono giù o su di morale", dice Wood. "Come genitore, è davvero fondamentale leggere. Se hanno una brutta giornata e sono giù è un conto, ma se sono proprio a terra, è un problema; se persiste, è depressione. Il contrario è fiducia e gioia". Probabilmente lo stai già notando inconsciamente, ma è fondamentale portarlo in primo piano: non ignorarlo.

I tuoi colleghi: aperti contro chiusi

"Pronto a chiedere quel grosso aumento o avere una discussione importante con il tuo capo? Cerca un linguaggio del corpo aperto - il tuo manager avrà le spalle rilassate o si appoggerà all'indietro in modo piacevole - invece di un linguaggio del corpo chiuso", dice Wood. Ma non aspettare troppo a lungo: "Trovo che le persone tardino a tenere questo tipo di conversazioni perché cercano un'apertura. Ogni punto di ritardo rende più difficile e tende ad aumentare il problema", osserva.

I tuoi colleghi: segnali nei piedi

"I nostri piedi comunicano esattamente ciò che pensiamo e sentiamo in modo più onesto rispetto ad altre parti del nostro corpo. In generale, le persone sono concentrate sul controllo delle loro espressioni facciali, del torace e della parte superiore del corpo durante la comunicazione, ma i piedi sono vitali per rispondere al pericolo e allo stress; abbiamo bisogno che si blocchino, fuggano, combattano, cadano", dice Wood. Se il tuo capo è in piedi con i piedi divaricati in modalità combattimento o punta i piedi fuori dalla porta mentre risponde alle domande, potrebbe esserci un problema più grande in gioco.

I tuoi colleghi: posizione di forza

Nella tua frenesia quotidiana di riunioni, preparati in modo da poter proiettare il potere dal momento in cui entri. "Quando le donne si siedono, di solito fanno più di 16 movimenti separati. Gli uomini ne fanno tre!" dice Wood. "Li fa sembrare molto più uniti e organizzati. Pensa ai tuoi comportamenti di adattamento e mantienili puliti e minimali. La ricerca dice che le donne si appollaiano, sedendosi sul bordo del sedile, inarcando la schiena, mentre gli uomini tendono a piegarsi, facendo più affidamento allo schienale. Siediti sulla sedia, usa molto spazio e metti le braccia sul bracciolo per sembrare sicuro."

COME CAPIRE LA PERSONALITÀ DI CHI TI STA DAVANTI DAL SUO TONO DI VOCE E LEGGERGLI NELLA MENTE

Di cosa stiamo parlando

Nella sua forma più semplice, il tono di voce è la tua personalità e il modo in cui "suoni" per le altre persone. È il tuo biglietto da visita sonoro per tutto nella vita: dalle situazioni affettive a tutte le altre sfere. Determina il modo in cui parli ai tuoi clienti online, sui social media - ovunque, davvero. Un tono di voce distintivo distribuito in modo coerente può diventare riconoscibile come i tuoi colori o immagini, e contribuirà a rafforzare gli altri aspetti del tuo stile. Un buon modo per capire se hai un tono di voce distintivo è considerare se il tuo pubblico sarebbe in grado di riconoscerti solo in base ai tuoi contenuti, anche se il tuo logo non apparisse accanto ad esso.

Perché è importante sul lavoro

Indipendentemente dal fatto che tu sia un'azienda o un solo individuo, probabilmente farai la tua prima impressione su un potenziale cliente con le parole, sia attraverso un annuncio, sulla confezione o sulla pagina di destinazione del tuo sito web. E mentre il tono che scegli può essere distintivo, può essere altrettanto facilmente neutro: la chiave è che sia coerente in tutte le tue comunicazioni. Il tuo pubblico deve riconoscere chi sta parlando.

Le parole che usi determinano la modalità e l'efficienza nel costruire una connessione emotiva con chiunque. E quella connessione emotiva è ciò che aiuterà a fare quella prima vendita e poi una relazione continuativa. Dopo di che, in effetti, uno studio incentrato ha scoperto che il coinvolgimento emotivo può contare più della soddisfazione del cliente quando si porta fedeltà al marchio. Quindi, il modo in cui il tuo marchio parla alle persone è importante e vale la pena pensarci.

Chi ha capito bene

Se pensi a uno dei tuoi marchi preferiti, è molto probabile che avrà un tono di voce coerente e probabilmente distintivo. Potresti non essere in grado di articolare ciò che costituisce quel tono di voce con la stessa facilità con cui potresti nominare i colori chiave che compongono l'identità visiva del marchio, ma considera come ti senti ogni volta che leggi il loro sito web, uno dei loro tweet o anche l'email che t'inviano quando acquisti qualcosa. Probabilmente ti parlano con un tono simile ogni volta, quindi probabilmente ti sentirai allo stesso modo ogni volta che t'impegni con loro: potresti sentirti solleticato, o calmo, o più sicuro di te perché è la loro strategia compiacere per un lungo rapporto di lavoro. Qualsiasi marchio che suscita un sentimento coerente e, idealmente, positivo ha ottenuto il tono di voce giusto.

Come sviluppare un tono di voce

1. Assicurati di avere ciò di cui hai bisogno

Il tuo tono di voce rafforzerà chi è il tuo marchio e cosa rappresenti. Quindi, per svilupparne uno, dovrai avere una solida conoscenza del posizionamento, dei fattori di differenziazione, dei valori e, soprattutto, dei tuoi clienti. Queste informazioni potrebbero essere sotto forma di uno scopo formale e/o di una dichiarazione d'intenti, informazioni che hai incluso in un piano aziendale o contenuti che hai utilizzato sul tuo sito web e altri materiali di marketing. Indipendentemente dal formato, assicurati di avere le informazioni chiave a portata di mano e nella tua testa prima di provare a sviluppare un tono di voce basato su di esso.

2. Entra nella testa del tuo cliente

Poiché il tuo tono di voce è tutto su come parli ai tuoi clienti, devi prima sapere come parlano loro. Dovresti già avere una buona idea di chi sia il tuo cliente; ora è il momento di costruire una persona più dettagliata. Concentrati sull'identificazione delle questioni cui tengono, sui luoghi in cui ottengono le loro informazioni e persino sul tipo di parole e frasi che tendono a usare. Tutto ciò ti aiuterà a costruire un'immagine dei tipi di comunicazioni (messaggi, lingua e livello di dettaglio) che potrebbero risuonare meglio con loro.

3. Brainstorm

Ci sono molti modi per facilitare il processo di brainstorming, ma l'output chiave cui vuoi arrivare è un elenco di circa tre tratti che rappresentano come vuoi che la tua attività venga vissuta. Queste parole formeranno la base della personalità del tuo marchio e informeranno sul tipo di cose che dici.

Può essere utile porsi la domanda "Se il nostro marchio fosse una persona, chi sarebbe?" e poi elencare le qualità e gli attributi di quella persona che possono essere applicati al tuo marchio. Metti il tuo team in una stanza e prepara una lunga lista di potenziali candidati per parole e frasi. Quindi cerca i termini o le idee che si sovrappongono e restringi l'elenco alle poche parole che sembrano possedibili e specifiche per il tuo marchio.

Una volta che ti sei ristretto ad alcune qualità che compongono la personalità del tuo marchio, dovresti riflettere sul tono di voce che lo accompagna. Il tuo tono di voce non è quello che dici, ma come lo dici - ed è composto dal tipo di parole e frasi che usi, nonché dal loro ordine, ritmo e lunghezza.

4.Metti le cose sulla carta

Quando tu e il tuo team vi siete allineati sui tratti chiave della personalità del vostro marchio e su come si uniscono attraverso il linguaggio in un tono di voce, è il momento di redigere una serie di linee guida editoriali: esse copriranno tutte le informazioni essenziali e il contesto, necessari per garantire che la vostra personalità arrivi costantemente in tutte le tue comunicazioni.

I marchi pubblicano sempre più le loro linee guida online, quindi ci sono molti esempi a cui fare riferimento.

5. Diffondere le linee guida

Una volta che hai le tue linee guida editoriali (AKA la tua unica fonte di verità quando si tratta della personalità e del tono di voce del tuo marchio), devi assicurarti che tutti i membri del tuo team (specialmente quelli che creano il contenuto e scrivono) sappiano come utilizzarli.

Assicurarsi che tutti siano consapevoli che le linee guida esistono e sappiano dove trovarle è solo il primo passo. Se puoi, organizza un workshop o una sessione di formazione su come utilizzare le linee guida che includano il tempo per esercitarsi a scrivere in base ad esse. Questo è qualcosa in cui un'agenzia creativa esterna può aiutarti se non sei sicuro su come gestirlo internamente.

6. Mantieni le cose coerenti

Quando hai un tono di voce su cui tutti sono stati informati, la chiave è assicurarsi che venga utilizzato. Continua a controllare le comunicazioni in uscita per assicurarti che ricevano il tono di voce e il contenuto corretto.

7. Aspetti chiave

- Una voce distintiva del marchio distribuita in modo coerente è un aspetto importante del tuo marchio che ti aiuta a costruire una connessione con i consumatori

- La personalità del tuo marchio è il modo in cui desideri che la tua attività venga vissuta e può essere riassunta con 3 tratti simili a quelli umani

- Il tuo tono di voce è il modo in cui riesci a trasmettere quei tratti della personalità nelle comunicazioni scritte

- Una guida editoriale funge da unica fonte di verità per il tono di voce del tuo marchio, quindi chiunque in azienda può metterlo in atto.

QUANTE VOLTE HAI SENTITO QUALCUNO DIRTI QUALCOSA SOLO PERCHÉ NON PUÒ LEGGERE LA TUA MENTE?

Si scopre che questo è vero solo a metà. La persona che ti dice questo potrebbe non esserne consapevole, ma sicuramente è in grado di leggere la tua mente. Lo fanno solo in un modo più sottile di quanto sembri.

E la realtà è che la maggior parte delle persone può imparare a leggere la mente con allenamento, tempo, concentrazione e un certo insieme di abilità. Questo non è qualcosa che solo i sensitivi sono in grado di fare.

Sebbene i sensitivi abbiano il know-how, la formazione e il "dono della lettura" adeguati, è certamente qualcosa che si può imparare in una certa misura.

Prima di mostrarti come tutte le persone possono imparare a leggere nel pensiero, è importante conoscere alcune informazioni di base sulla lettura nel pensiero.

Una volta che hai compreso la scienza e la psicologia alla base della lettura della mente, vedrai che è un'impresa realizzabile per chiunque abbia la determinazione a imparare. E ci sono anche alcuni trucchi che puoi usare per dare l'illusione di leggere nella mente.

Questi trucchi diventano molto più utili quando conosci la verità dietro la lettura della mente.

Lettori di mente naturale

Il motivo per cui chiunque può imparare a leggere nella mente è perché lo facciamo già.

Sebbene le nostre supposizioni siano spesso sbagliate, non è perché il processo di lettura della mente fallisca. Possiamo rispecchiare i pensieri e i sentimenti delle persone con cui interagiamo.

Tuttavia spesso concentriamo la nostra reazione su ciò che pensiamo faranno piuttosto che su ciò che ci dicono che faranno. Spesso vediamo le espressioni facciali e il linguaggio del corpo di qualcuno e indoviniamo correttamente che sia depresso, malato, felice, arrabbiato o contento.

Ma cosa succede quando qualcuno ha una bella faccia da poker? Possiamo ancora leggere la mente senza che questi indizi visivi ci guidino?

Competenze richieste

La verità è che non ci vogliono molte abilità per leggere nella mente. Tutto ciò di cui hai bisogno è la spinta ad apprendere e la volontà di fare affidamento sul tuo intuito quando ti dice ciò che qualcuno sta probabilmente pensando o provando in questo momento.

Ovviamente avrai bisogno di un po' di pratica prima che le tue abilità funzionino naturalmente. Ma non è necessario acquistare una sfera di cristallo, uno speciale mazzo di carte o uno strano vestito per leggere le menti degli altri.

Devi essere in grado di liberare la tua mente da tutte le distrazioni prima di tentare di leggere la mente di qualcuno. Per alcune persone questa sarà l'abilità che richiede più tempo per svilupparsi.

Forse potresti prendere delle lezioni di yoga. Non solo ti aiuteranno a concentrare la tua mente e la tua energia, ma ti daranno anche flessibilità ed esercizio di qualità.

Suggerimenti per principianti

Se vuoi imparare a leggere nel pensiero, puoi seguire alcuni semplici suggerimenti per iniziare. Questi suggerimenti sono stati sviluppati dal sensitivo di fama mondiale Kiran Behara.

1. Apri il tuo spirito

Oltre a liberare la mente da tutti i pensieri e gli stress, devi aprire la tua energia alle persone e alle possibilità intorno a te. Non pensare a niente.

Vuoi solo essere presente nel momento. La tua mente e la tua anima dovrebbero assorbire l'energia emanata dalle persone e dalle cose intorno a te. Lo yoga è ottimo per insegnarci come farlo. Ma puoi impararlo da solo a casa nella quiete della tua stanza.

Assicurati solo che le persone ti lascino in pace mentre inizi a concentrare i tuoi pensieri e le tue energie.

2. Vedere e non vedere

Prenditi qualche minuto per vedere veramente la persona seduta vicino a te. Crea un'istantanea mentale della loro struttura facciale, dei loro capelli, dei loro occhi, della loro postura, del loro linguaggio del corpo e di altri dettagli.

Ma devi anche considerare tutto il resto intorno a quella persona.

Devi avere una colonna mentale che separa i tratti della persona e le altre cose che non appartengono a quella persona. Separare la persona dalla sedia su cui è seduta o dal muro dietro di essa. Tutte queste cose devono essere visualizzate in un modo specifico al fine che tu possa sentire tutta l'energia prodotta intorno a te.

3. Concentrarsi sulla persona

Ora vuoi riportare la tua attenzione sul viso di quella persona. Guardali direttamente negli occhi per circa 15 secondi. Non fissare troppo a lungo o potresti interrompere l'energia mettendo la persona a disagio. Trascorsi 15 secondi, distoglierai lo sguardo.

Crea un'immagine mentale del loro viso e dei loro occhi. Come si sente la loro energia? Siediti in silenzio ora mentre lasci che i pensieri e i sentimenti di quella persona riempiano la tua mente e la tua anima. Ora hai veramente avviato il processo di lettura della mente.

4. Inizia una conversazione

Qui è dove scoprirai i pensieri e i sentimenti della persona. Puoi scegliere qualsiasi argomento che ti piace per la conversazione. Chiedi informazioni sul loro lavoro o sulla loro vita domestica. I pensieri che arrivano nella tua mente possono essere esattamente gli stessi pensieri che passano per la mente dell'altra persona. Potresti immediatamente dire alla persona cosa credi stia pensando. Se hai una buona memoria, puoi tenere a mente questi pensieri per riassumere in seguito la tua intera impressione dei loro pensieri in queste sessioni.

La chiave è accogliere tutti i pensieri che entrano nella tua mente a questo punto. Anche se quei pensieri sono oscuri e fastidiosi, vuoi dare alla persona una lettura accurata dei suoi pensieri. Per fare ciò, devi tenere la mente aperta a ogni possibilità.

Altri suggerimenti

Ci sono altri suggerimenti che puoi seguire. Dopo aver aumentato le tue capacità di concentrarti sui pensieri e sui sentimenti degli altri, puoi utilizzare più suggerimenti per darti un'immagine chiara di ciò che accade nella mente delle altre persone.

Questi suggerimenti aumenteranno le tue possibilità di successo e lasceranno a bocca aperta i tuoi amici, la tua famiglia e gli estranei che incontri per strada.

1. Intelligenza emotiva

Se conosci la persona con cui stai parlando, puoi chiedere se sta provando le stesse emozioni che provi tu. Dovrai essere paziente con questo. Molte persone non sono molto brave a etichettare le proprie emozioni. Possono sentirsi arrabbiate quando sono davvero stressate.

Potrebbero sentirsi nervose quando sono solo pronte a passare a qualcos'altro. Se la persona con cui parli è d'accordo con le emozioni che provi, chiedigli se riesce a capire qualche motivo per cui potrebbe sentirsi in questo modo.

Infine, puoi iniziare a offrire suggerimenti su cosa dovrebbero fare per intensificare o diminuire questi sentimenti. Saranno stupiti dalla tua lungimiranza e dal tuo riconoscimento.

Questo potrebbe suonare più come psichiatria che come lettura psichica della mente, ma è uno dei modi chiave per sviluppare le tue abilità naturali.

2. Sviluppare abilità di ascolto acute

Cosa hanno in comune tutti i grandi comunicatori? Devono essere buoni ascoltatori.

Quando qualcuno parla, sii completamente nel momento con lui. Non ascoltare per il bene di poter rispondere. Ascolta l'altra persona in modo da essere in grado di elaborare e capire tutto ciò che sta dicendo. Ma devi anche ascoltare quello che non dicono. Se qualcuno non attende con ansia il resto della giornata, ci deve essere una ragione per questo. Un ascolto attento ti aiuterà a scoprire queste ragioni e a farle conoscere alla persona. Per avere successo, dovrai imparare ad ascoltare più di quanto parli a volte. L'ascolto è il modo con cui impari a conoscere le persone e le loro emozioni.

3. Non ignorare le emozioni

Il motivo per cui le persone oggi mancano di empatia è perché scelgono di farlo. Ci viene detto giorno dopo giorno di ignorare i nostri sentimenti in modo da poter portare a termine il nostro lavoro e mostrare un volto forte al mondo.

Più a lungo ignoriamo i nostri sentimenti, più velocemente se ne vanno. Invece di pensare alla nuova email del capo o a quello che mangerai più tardi per cena, pensa a come ti senti. Secondo i sensitivi professionisti, più puoi rispondere ai tuoi sentimenti, più sarai in grado di leggere e rispondere ai sentimenti e ai pensieri di altre persone nella tua vita.

Leggere la mente è qualcosa che tutti possono fare e non è solo qualcosa per mentalisti professionisti e lettori psichici. All'inizio potresti non avere molto successo, ma puoi ottenere grandi progressi con la pratica. Non usare mai le tue nuove abilità per ottenere un vantaggio su qualcun altro.

Se riesci a leggere le loro emozioni molto bene, potresti essere in grado di usarle per ottenere ciò che desideri. Usa le tue capacità per aiutare le persone. I lettori della mente possono essere grandi amici e sistemi di supporto per le persone che hanno solo bisogno di sfogarsi.

CAPISCI CHI STA MENTENDO

Tutti gli esseri umani possiedono la capacità di mentire. E molti di noi lo fanno: diversi studi hanno suggerito che, in media, gli americani raccontano una o due bugie al giorno. Fortunatamente gli esperti dicono che ci sono modi per individuare i segni di falsità.

Per identificare una menzogna devi prima avere una linea di base su come qualcuno agisce quando è onesto, afferma Traci Brown, esperta di linguaggio del corpo e autrice di *How to Detect Lies, Fraud and Identity Theft: Field Guide*. Ad esempio, osserva come qualcuno risponde a una domanda di base come "Da dove vieni?". Dove vanno i loro occhi? Come suona la loro voce?

Una volta stabilita questa linea di base, cerca i cambiamenti nel comportamento in quattro diverse categorie: movimenti del corpo, espressioni facciali, tono di voce e contenuto del discorso.

I segnali, tuttavia, non sono infallibili: se qualcuno è a disagio al proprio posto, potrebbe agitarsi; se qualcuno è nervoso, la sua voce potrebbe incrinarsi.

"C'è un dibattito all'interno della comunità sanitaria, e certamente nell'area della salute mentale, su quali siano consigli affidabili sul linguaggio del corpo che possano indicare che qualcuno sta mentendo", afferma il dottor Gary Brown, un terapista familiare e matrimoniale autorizzato con sede a Los Angeles. "Le nostre percezioni possono ostacolare la nostra capacità di interpretare correttamente i segni", aggiunge la dottoressa Jenny Taitz, psicologa clinica con sede a Los Angeles. "Può essere difficile interpretare accuratamente qualcuno attraverso il linguaggio del corpo, poiché egli può sentirsi teso o apparire a disagio per tanti motivi". "Ad esempio, è facile immaginare di sfuggire al contatto visivo, poiché le persone spesso associano la menzogna ad una serie di fattori, dal sentirsi socialmente ansiosi, annoiati, vergognarsi perché sai che stai mentendo. Non siamo sempre così abili nel leggere gli altri come supponiamo."

Tuttavia, ci sono segnali che esperti del linguaggio del corpo suggeriscono di tenere d'occhio.

SEGNALI DEL CORPO

Le mani: i bugiardi tendono a usare i gesti con le mani dopo aver parlato invece che durante o prima di una conversazione, dice Traci Brown, che ha partecipato a un programma di formazione sull'inganno con membri dell'FBI e occasionalmente aiuta a lavorare sulle indagini. "La mente sta facendo troppe cose, incluso inventare la storia, capire se ci si crede e aggiungere di conseguenza alla storia", dice. "Quindi gesti normali, che potrebbero normalmente accadere appena prima di un qualsiasi discorso."

Uno studio del 2015 condotto dall'Università del Michigan ha esaminato 120 clip multimediali di casi giudiziari ad alto rischio per capire come si comportano le persone quando mentono rispetto a quando sono sincere. Lo studio ha rilevato che coloro che mentono hanno maggiori probabilità di fare gesti con entrambe le mani rispetto a quelli che dicono la verità: le persone gesticolavano con entrambe le mani nel 40% delle clip bugie, rispetto al 25% delle clip veritiere.

Prurito e irrequietezza: anche scuotere il corpo avanti e indietro, inclinare la testa di lato o trascinare i piedi possono essere segni di inganno, dice Glass, che ha completato una borsa di studio post-dottorato presso l'UCLA concentrandosi su psicologia e comunicazione verbale e non verbale. Anche le fluttuazioni nel sistema nervoso autonomo, che regola le funzioni corporee, possono avere un effetto. Quando le persone sono nervose, queste fluttuazioni nel sistema nervoso possono indurre le persone a sentire pruriti o formicolii nel loro corpo, che a loro volta possono causare più irrequietezza.

Una ricerca condotta dal professore di psicologia della UCLA, R. Edward Geiselman, ha tratto una conclusione simile, scoprendo che le persone tendono a mostrare "comportamenti di cura", come giocare con i loro capelli, quando sono disoneste.

SEGNALI FACCIALI

Gli occhi: qualcuno che sta mentendo potrebbe fissare o distogliere lo sguardo in un momento cruciale, dice Glass - un possibile segno che stanno muovendo gli occhi mentre cercano di pensare a cosa dire dopo.

La ricerca condotta da Geiselman all'UCLA ha confermato questo, scoprendo che le persone a volte distolgono lo sguardo brevemente quando mentono. Lo studio del 2015 condotto dall'Università del Michigan ha anche scoperto che coloro che mentivano erano più propensi a fissare rispetto a quelli che erano sinceri, tanto che il 70% delle clip di persone che mentivano mostravano che fissavano direttamente le persone.

Tuttavia, c'è ancora qualche dibattito su questo. Uno studio del 2012 pubblicato su Plos One ha sfatato il concetto che le persone guardano in una direzione specifica quando sono disoneste.

La bocca: arrotolare le labbra fino al punto in cui quasi scompaiono potrebbe essere un segno che qualcuno sta mentendo per omissione, secondo Traci Brown. "Per mia esperienza succede che, quando le persone lo fanno, trattengono emozioni o fatti", dice.

La ricerca condotta presso l'UCLA ha scoperto che le persone che mentono hanno maggiori probabilità di increspare le labbra quando vengono poste domande sensibili. Stringere le labbra potrebbe anche significare che qualcuno non vuole impegnarsi nella conversazione in corso. "È un riflesso istintivo che significa che non vuoi parlare".

Cambiamento di carnagione: hai mai notato qualcuno diventare bianco come un fantasma quando parla? Questo potrebbe essere un segno di falsità, segnala il sangue che scorre via dal viso.

Sudorazione o secchezza: i cambiamenti del sistema nervoso autonomo possono indurre i bugiardi a sudare nella zona T del viso (fronte, mento e intorno alla bocca) o avere secchezza alla bocca e agli occhi - la persona potrebbe sbattere le palpebre o socchiudere gli occhi, leccarsi o mordersi le labbra o deglutire sonoramente.

TONO DELLA VOCE

Una voce acuta: quando le persone sono nervose, i muscoli delle corde vocali potrebbero irrigidirsi (una risposta istintiva allo stress), portando la voce a suonare molto acuta. Potresti anche notare uno scricchiolio nella voce di qualcuno. Schiarirsi la gola, un mezzo per far fronte al disagio dei muscoli tesi, a volte può anche segnalare disonestà.

Un improvviso cambiamento di volume: le persone che mentono tendono anche ad alzare la voce. "A volte diventerai più rumoroso perché ti metterai sulla difensiva".

Contenuto del discorso

Frasi come "Voglio essere onesto con te", "onestamente" o "lascia che ti dica la verità": secondo Glass, questi possono essere segnali che qualcuno si sta sforzando un po' troppo per convincerti della propria onestà.

Gli indizi con cui possiamo capire chi mente a volte sono molto difficili da interpretare.

E, sfortunatamente, non c'è modo di determinare se qualcuno è onesto o meno con certezza al 100%.

Come puoi sapere se qualcuno ti sta mentendo?

La ricerca della dottoressa Leanne ten Brinke, psicologa forense presso l'Haas School of Business dell'Università della California, Berkeley, e dei suoi collaboratori, suggerisce che i nostri istinti per giudicare i bugiardi sono in realtà abbastanza forti, ma le nostre menti coscienti a volte ci deludono.

Fortunatamente ci sono segni che possiamo cercare quando proviamo a rilevare una bugia.

La dottoressa Lillian Glass, analista comportamentale, esperta di linguaggio del corpo e autrice di *The Body Language of Liars*, avvisa che quando si cerca di capire se qualcuno sta mentendo, è necessario prima capire come agisce normalmente la persona. Alcune abitudini, come indicare o condividere eccessivamente, potrebbero essere perfettamente all'interno del carattere di un individuo.

Tieni presente che questi segni sono solo possibili indicatori di disonestà, non una prova definitiva. Inoltre, alcuni bugiardi sono così esperti che potrebbero farla franca senza mostrare nessuno di questi segni.

Con questo in mente, ecco alcuni segnali che qualcuno potrebbe mentirti:

1. Le persone che mentono tendono a cambiare rapidamente la posizione della testa

Se vedi qualcuno improvvisamente fare un movimento della testa quando gli fai una domanda diretta, potrebbe mentirti su qualcosa.

"La testa sarà ritratta o tirata indietro, piegata verso il basso o inclinata di lato".

Ciò accade spesso subito prima che la persona risponda a una domanda.

2. Anche la loro respirazione può cambiare

Quando qualcuno ti sta mentendo, potrebbe iniziare a respirare pesantemente. "È un'azione riflessa".

Quando il loro respiro cambia, le loro spalle si alzeranno e la loro voce potrebbe diventare superficiale. "In sostanza, sono senza fiato perché la loro frequenza cardiaca e il flusso sanguigno cambiano. Il tuo corpo sperimenta questi tipi di cambiamenti quando sei nervoso e ti senti teso, quando menti".

3. Tendono a stare molto immobili

È risaputo che le persone si agitano quando si innervosiscono ma dovresti fare attenzione anche alle persone che non si muovono affatto.

"Questo può essere un segno della primitiva 'lotta' neurologica, piuttosto che della 'fuga' di risposta, poiché il corpo si posiziona e si prepara per un possibile confronto". "Quando parli e t'impegni in una normale conversazione, è naturale muovere il tuo corpo con movimenti sottili, rilassati e, per la maggior parte, inconsci. Quindi, se osservi una posizione rigida, catatonica, priva di movimento, è spesso un enorme segnale di avvertimento che qualcosa non va ".

4. Possono ripetere parole o frasi

Questo accade perché stanno cercando di convincere te e loro stessi di qualcosa. "Stanno cercando di convalidare la menzogna nella loro mente".

La ripetizione è anche un modo per guadagnare tempo mentre cercano di organizzare i loro pensieri.

5. Potrebbero fornire troppe informazioni

"Quando qualcuno va avanti all'infinito e ti dà troppe informazioni - informazioni che non sono richieste e soprattutto un eccesso di dettagli - c'è un'altissima probabilità che lui o lei non ti stia dicendo la verità".

6. Possono toccarsi o coprirsi la bocca

"Un segno rivelatore della menzogna è quando una persona automaticamente porta le mani sulla faccia, coprendo la bocca, quando non vuole affrontare un problema o rispondere a una domanda".

E' un chiaro segnale che non stanno rivelando tutto e non vogliono dire la verità".

7. Tendono a coprire istintivamente le parti del corpo vulnerabili

Questo può includere aree come la gola, il torace, la testa o l'addome.

8. Tendono a muovere i piedi

"Questo è il corpo che prende il sopravvento". Strascicare i piedi ti avvisa che la persona è assolutamente a disagio.

"Questo è uno dei modi chiave per individuare un bugiardo. Basta guardare i suoi piedi e puoi dire molto".

9. Può diventare difficile per loro parlare

"Se mai guardi l'interrogatorio videoregistrato di un sospetto colpevole, osserverai spesso che diventa sempre più difficile per lui parlare". "Ciò si verifica perché il sistema nervoso automatico riduce il flusso salivare durante i periodi di stress, che ovviamente asciuga le mucose della bocca".

Altri segni a cui prestare attenzione includono mordersi improvvisamente le labbra o increspare le labbra.

10. Possono fissarti senza sbattere le palpebre

Quando le persone mentono è normale che interrompano il contatto visivo, ma il bugiardo potrebbe fare il possibile per mantenere il contatto visivo nel tentativo di controllarti e manipolarti.

"Quando le persone dichiarano la verità, la maggior parte di tanto in tanto sposta gli occhi e di tanto in tanto può anche distogliere lo sguardo". "I bugiardi, d'altra parte, useranno uno sguardo freddo e fermo per intimidire e controllare".

Un altro segno cui prestare attenzione è il "lampeggiare" rapido degli occhi.

11. Tendono a puntare molto il dito

"Quando un bugiardo diventa ostile o sulla difensiva, cerca di capovolgere la situazione".

Se si trova di fronte a una menzogna, un bugiardo può assumere gesti aggressivi, come colpevolizzare.

10 MODI PER CAPIRE SE QUALCUNO TI STA MENTENDO, SECONDO GLI ESPERTI DI LINGUAGGIO DEL CORPO

A volte mentire può essere identificato da un sorrisetto.

È importante sapere quando qualcuno ti sta mentendo, specialmente nelle relazioni.

Sfortunatamente, non esiste un trucco magico che puoi usare per capire quando una persona sta mentendo. Ma se presti attenzione a certi indizi sul linguaggio del corpo, puoi avvicinarti molto.

1. Una differenza dal loro normale linguaggio del corpo.

Se qualcuno mostra gesti che normalmente non farebbe, come mangiarsi le unghie, questa potrebbe essere una bandiera rossa.

Se stai cercando di analizzare il linguaggio del corpo di una persona, devi prima familiarizzare con i suoi modi tipici. Questo si chiama "baselining" ed è essenziale per determinare se qualcuno sta mentendo.

"Tutto, dalla stretta di mano al modo in cui qualcuno sta in piedi, rivela chi è. In altre parole, quando definisci qualcuno, rilevi i segnali d'inganno rilevando prima i segnali di verità".

"Tutti hanno una linea di base di ciò che è la loro norma. Alcune persone si aggiustano costantemente i loro vestiti e si agitano, e per loro è normale".

Ovviamente, ci sono alcuni motivi per cui qualcuno potrebbe comportarsi in modo leggermente diverso dal solito e non tutti indicano necessariamente che una persona sta mentendo. Tuttavia, non può far male liberare il tuo Sherlock interiore e prestare molta attenzione a come il comportamento di qualcuno potrebbe differire dalla loro "linea di base".

2. Uso della mano non dominante per enfatizzare le affermazioni.

Se qualcuno gesticola con la mano sbagliata, non è un gran segno.

Se conosci bene una persona, dovresti sapere se è destrorsa o mancina. E, se iniziano a gesticolare o cercano di punteggiare affermazioni forti con la mano non dominante, potrebbero mentirti.

"I nostri corpi vogliono essere onesti, tuttavia le nostre parole sono ciò che gli altri sentono. Per sfidarlo, i nostri corpi cercheranno di far trapelare l'inganno. Cerca i segnali delle parole forti con la mano non dominante". "Bill Clinton è piuttosto famoso per questo. Quando ha discusso della sua relazione con Monica Lewinsky, ha sollevato con enfasi la mano e il braccio destro, affermando: "Non ho avuto rapporti sessuali con quella donna". Questo poteva essere credibile, ma ha usato la sua mano non dominante quando ha cercato di essere enfatico".

3. Movimenti oculari sfuggenti.

Gli occhi sfuggenti sono un chiaro segno di disonestà.

Un modo per capire se qualcuno sta mentendo è prestare attenzione ai suoi occhi, in particolare se muove gli occhi molto durante la conversazione.

"Se hai parlato con qualcuno e hai notato che tende a guardare alla sua destra quando ricorda qualcosa è probabile che, se gli fai una domanda 'calda' e sta progettando di essere ingannevole, guarderà allo stesso modo per "creare" una risposta". "Questo non significa che ti stia ingannando, e c'è anche la possibilità che davvero non ricordi e la sua mente stia tentando di riempire il vuoto. Tuttavia, è uno strumento eccellente da usare."

4. Instabilità nel loro equilibrio.

Essere leggermente sbilanciati può essere un segno di disonestà. Un altro segno che ti potrebbero mentire è se si dondolano avanti e indietro quando ti parlano.

"Spostarsi o dondolarsi può indicare che qualcuno si sente sbilanciato". "Potrebbero anche stare in equilibrio su un piede o caricare molto più peso su un piede, quindi essere asimmetrici. L'asimmetria è una dissonanza tra l'emisfero destro e sinistro, quindi gli oratori lo faranno sempre quando non sanno di cosa stanno parlando o se stanno mentendo".

5. Inclinazione della testa.

Se qualcuno inclina la testa quando ti parla, presta molta attenzione a ciò che ha da dire.

L'asimmetria non è limitata esclusivamente alla metà inferiore del corpo. A volte, una testa inclinata ti dirà tutto ciò che devi sapere.

6. Sogghignare invece di sorridere.

Fare un sorrisetto può indicare che una persona sta mentendo.

Non può far male prestare molta attenzione al viso di una persona quando parla, soprattutto se sorride un po' quando parla con te.

7. Una frequenza di sbattimento delle palpebre diversa dal normale.

C'è qualcosa nei loro occhi? O ti stanno mentendo?

Il tasso di ammiccamento di una persona può rivelare più di quanto potresti pensare.

"A volte, quando siamo stimolati mentalmente, il nostro tasso di ammiccamento può diminuire a causa del sovraccarico cognitivo, altre volte può aumentare mentre stiamo tentando di inventare una trama o se siamo sempre più ansiosi".

Se determini che c'è un chiaro cambiamento nel comportamento, potrebbe essere un segno che una persona sta mentendo.

8. Sembra che stiano andando verso l'uscita.

Il linguaggio del corpo pronto per l'uscita è un buon segno che qualcuno sta mentendo. La persona con cui stai parlando sembra che abbia voglia di uscire dalla porta? Se è così, questo potrebbe indicare un inganno.

"I bugiardi spesso inclinano leggermente la parte superiore del corpo o puntano i piedi verso la porta, segnalando il loro desiderio di sfuggire fisicamente e psicologicamente a una situazione scomoda".

Naturalmente, è importante notare che qualcuno che semplicemente non vuole avere una conversazione con te non è necessariamente un bugiardo. Ma è qualcosa a cui vale la pena dare qualche attenzione in più.

9. Prurito al naso.

A volte, un naso può dirti quello che devi sapere. "Quando siamo ansiosi o ingannevoli, i capillari nel nostro naso si espandono leggermente, abbastanza da sentire prurito". "Se noti che qualcuno si porta la mano al naso e lo sfiora più volte, probabilmente hai trovato un punto caldo".

Ovviamente, un prurito al naso potrebbe indicare molte cose, come allergie o un comune raffreddore. Ma se associato ad altri indicatori di disonestà, potrebbe non essere così innocente come sembra.

10. Come ti fa sentire il loro linguaggio del corpo.

Presta molta attenzione a come ti senti quando qualcuno ti parla. Può sembrare controintuitivo, ma uno dei modi migliori per capire se qualcuno ti sta mentendo potrebbe non essere legato al suo linguaggio del corpo. Piuttosto, è come ti fanno sentire le sue parole unite al linguaggio del corpo.

"Il migliore indizio è se il tuo sistema nervoso centrale si sente a disagio". "Se pensi che qualcuno stia mentendo, controlla il tuo corpo. Se sudi, hai la nausea, hai mal di testa o ti senti teso, qualcuno potrebbe mentirti."

Usa le tue capacità di osservazione e fidati del tuo istinto. Se ti ricordi di farlo, pochi bugiardi saranno in grado di ingannarti.

COME LEGGERE IL LINGUAGGIO DEL CORPO DEGLI ALTRI

Sono molte le persone che si considerano "esperte" nel campo dell'analisi del comportamento degli altri. E non sto parlando dei veri psicologi che studiano tutte le sfumature dell'argomento e scrivono libri su di essi in seguito. Sto parlando di persone che hanno visto troppi film polizieschi o hanno deciso che sono "talenti naturali" per qualche motivo.

Sono sicuro che conosci qualcuno del genere: qualcuno che descriverà in dettaglio tutta la storia personale di una persona guardandola per 10 secondi. Qualcuno che commenterà nelle tue orecchie che "questo ragazzo è X" basandosi sul fatto che si è fermato in qualche modo. In breve, sono la reincarnazione dello stesso Sherlock Holmes. Questi ragazzi sono i "veri calibri" in questo campo e non possiamo competere o discutere con loro.

Ecco niente di più sbagliato: studiare il linguaggio del corpo è una vera e propria scienza e ha bisogno di tempo e apprendimento.

Stiamo parlando di sentimenti e pensieri espressi attraverso il nostro corpo e la nostra voce, cose che sono davvero difficili da misurare. Quindi prendere decisioni ferme, generalizzare le informazioni e giudicare gli altri in base ad esse è sbagliato.

Aperti, curiosi, creativi e lenti a giudicare: questi sono gli attributi che dobbiamo sottolineare quando proviamo ad analizzare il comportamento degli altri.

Iniziamo:

Pensa per un secondo al linguaggio del corpo come a un normale linguaggio verbale. Hai singole parole che, una volta messe insieme, creano una frase che trasmetta un messaggio significativo. Nel linguaggio del corpo sostituiamo le parole con segnali non verbali come:

- Postura

- Espressioni facciali

- Gesti

- Contatto visivo

- Spazio personale

- Voce

Anche se individualmente queste "parole" possono darti un'idea generale dell'umore o della personalità di chi osservi, è molto difficile e sbagliato assumere qualcosa in base a quel singolo indizio.

Ecco perché è necessario cercare ulteriori indizi, "parole" aggiuntive per completare l'intera frase e finire il puzzle.

Ad esempio (realizzato da una prospettiva maschile, ma ovviamente l'idea vale per entrambi i sessi):

Diciamo che hai l'impressione che una certa donna che stai osservando sia interessata a te. Perché? Perché l'hai osservata giocare con i suoi capelli e hai letto che è un segnale di giocosità e attrazione. Ma è sufficiente fare affidamento solo su quell'unico segno?

No, anche se la tua ipotesi potrebbe essere corretta, non è sufficiente andare "all-in". Come è posizionato il suo corpo? Quali gesti fa? Si sporge in avanti? Ti sta dando uno sguardo di traverso? Puoi farti passare per la testa molte altre domande prima di decidere quale sia l'interpretazione più probabile.

Se vuoi diventare un "lettore" accurato devi allenarti a cercare molti segnali. Non dare per scontato nulla da un solo segno, altrimenti hai solo un pregiudizio, sii più intelligente di così.

Mantieni la cosa semplice

Quando si interagisce con gli altri può essere troppo fastidioso prendere nota di ogni segnale non verbale, analizzarlo e rimanere concentrati sulla conversazione allo stesso tempo. Puoi rimanere paralizzato e sovraccaricato d'informazioni. Questo perché di solito ci concentriamo consapevolmente sul messaggio verbale, mentre la nostra mente subconscia si prende cura della comunicazione non verbale.

La soluzione è mantenerla semplice: non sforzarti di assorbire e analizzare tutto. Invece rilassati e di' a te stesso di essere più ricettivo, non cercare di sostituire la tua concentrazione, ma piuttosto di espandere la tua consapevolezza e di essere nel momento presente. Se sai già cosa cercare e il suo significato, lo riceverai e lo analizzerai automaticamente.

Il modo migliore secondo me per iniziare a leggere il linguaggio del corpo nel modo più semplice, quando non hai nient'altro in mente – è farlo quando ti siedi e ti rilassi al parco o in coda, per esempio. Un'altra opzione è guardare la TV in modalità muto e cercare di capire cosa sta succedendo in base al linguaggio del corpo degli attori, basta alzare il volume una volta per un paio di minuti per vedere se hai ragione.

Quando interagisci con gli altri, il tuo obiettivo principale dovrebbe essere quello di cercare la congruenza tra le parole e il linguaggio del corpo di chi parla. Fidati dei tuoi sentimenti viscerali per aiutarti a capire se la persona che parla intende quello che dice o no. Se non lo è, i segnali emergeranno e lo percepirai a un certo livello. Quando diventerai più esperto sarai anche in grado di analizzare la tua osservazione e spiegare a te stesso perché ti sei sentito diffidente.

Leggi il linguaggio del corpo nel suo contesto

Un'altra cosa importante da capire quando si impara a leggere il linguaggio del corpo è che abbiamo a che fare con le persone... e a volte possono essere molto imprevedibili. Puoi ipotizzare molte cose in base alle tue conoscenze precedenti e sbagliare completamente alla fine.

Quindi, come ridurre al minimo i tuoi errori?

In primo luogo, chiarisci i tuoi concetti - se credi che un cenno del capo dica sempre "sì" in modo non verbale, puoi metterti nei guai in Bulgaria - dove significa l'esatto contrario. La lezione: se non sei sicuro, controlla il manuale! Scopri cos'altro potrebbe significare questo gesto, specialmente quando visiti culture straniere. Puoi anche chiedere alla gente del posto: non c'è da vergognarsi nel chiedere e le persone saranno spesso felici di parlare della loro cultura.

Noi, esseri umani, percepiamo molti segni del linguaggio del corpo di cui siamo consapevolmente informati.

Quindi, senza perdere altro tempo, entriamo negli otto grandi consigli psicologici per leggere il linguaggio del corpo di qualcuno:

1. Braccia incrociate

Le persone sono generalmente viste con le braccia incrociate e anche con le gambe incrociate quando indicano fortemente che non la pensano come ciò che sta dicendo l'oratore. Gli ascoltatori possono fingere di essere attenti e in grado di capire chiaramente; tuttavia, il linguaggio del corpo è ciò che dice la verità.

Secondo gli psicologi, quando una persona incrocia le braccia e le gambe indica l'occlusione mentale, fisica ed emotiva rispetto allo scenario attuale. La cosa più interessante è che questo non è intenzionale, motivo per cui è così palese.

2. Sporgersi in avanti

Questo è anche un altro linguaggio del corpo usato di frequente. Il modo più semplice per decodificarlo è: "Più ti avvicini, più sei interessato". Questa postura significa che è interessato all'argomento su cui è in corso la discussione. Se sporgersi in avanti è combinato con un sorriso genuino e un cenno del capo, è un modo ovvio per concordare non verbalmente.

Le posture positive dell'ascoltatore durante una comunicazione potrebbero innescare la vivacità di chi parla, e lui/lei sentirebbe che la persona che ascolta è ricettiva, amichevole e veramente aperta.

3. Uno sguardo frequente all'orologio non è un buon segno.

Durante una conversazione, se si tende a guardare frequentemente l'orologio possono esserci molteplici ragioni, come forse non essere interessato, voler terminare presto la conversazione o non capire molto di ciò che viene detto. Un approccio positivo a questa azione potrebbe essere che lui/lei ha fretta.

4. Fare un passo indietro non è un buon segno.

Quando parli con una persona e l'ascoltatore fa un rapido passo indietro, in genere significa che ciò che hai detto a quel punto l'ha messa a disagio, o non è interessata a quell'argomento, e vuole uscire dalla situazione. Questo comportamento demotiva fortemente chi parla; a volte si sentono rifiutati. Se l'oratore sperimentasse questa condotta, per lo più non si aprirebbe di fronte a quella persona in particolare in futuro.

5. Le rughe degli occhi solo con un vero sorriso.

Quando le persone sorridono, la loro faccia può mentire, ma gli occhi no. I sorrisi autentici raggiungono sempre gli occhi, il che si traduce in pieghe della pelle per formare zampe di gallina sul viso della persona. Spesso le persone sorridono solo per nascondere i propri pensieri, sentimenti ed emozioni.

Per sapere se una persona sta effettivamente sorridendo o no, si dovrebbe dare un'occhiata ai suoi occhi e vedere se chi guarda può trovare le zampe di gallina agli angoli: se sì, allora è un sorriso autentico, se no, allora c'è un forte probabilità di nascondere qualcosa.

6. Gli occhi non mentono; sono lo specchio della nostra anima interiore.

Tutti dobbiamo aver sentito almeno una volta: "Guardami negli occhi quando mi parli!" Bene, allora discutiamo perché abbiamo dovuto ascoltare questo. Le persone non possono mentire mentre guardano negli occhi di qualcuno, ma alcune persone spesso mantengono il contatto visivo deliberatamente per convincere gli altri che stanno dicendo la verità anche quando non lo fanno.

La maggior parte delle persone mantiene il contatto visivo fino al punto in cui diventa scomodo. Se la persona con cui stai parlando è perfettamente immobile e non sbatte le palpebre, è molto probabile che stia mentendo.

7. Le sopracciglia alzate indicano disagio.

Tre emozioni primarie, vale a dire: paura, sorpresa e preoccupazione, con conseguente inarcamento delle sopracciglia durante una discussione. Generalmente, durante comunicazioni sfavorevoli o discussioni accese, non c'è traccia di preoccupazione, sorpresa o paura, quindi ciò potrebbe significare che c'è qualcosa di sospetto.

8. Un cenno eccessivo indica il loro desiderio di approvazione.

In generale, gli ascoltatori annuiscono eccessivamente; significa che vogliono avere un impatto positivo su chi parla. Positivo nel senso che vogliono convincere l'oratore che la loro agenda è chiarissima per loro.

La maggior parte degli ascoltatori pensa che se non annuisce frequentemente, l'oratore dubiterebbe del proprio potenziale di seguire le istruzioni, o che l'informazione fornita non sia compresa correttamente dall'ascoltatore. Quindi, se qualcuno annuisce troppo, è meglio dubitarne.

Sulla base del capitolo, possiamo concludere con la famosa citazione della grande romanziera americana

Sarah Orne Jewett "Il tatto è, dopo tutto, una sorta di lettura del pensiero", e il tatto non è altro che la capacità di leggere gli altri mentre analizziamo il loro linguaggio del corpo riflessivo.

TECNICHE E CONSIGLI PRATICI

Usiamo il linguaggio del corpo ogni volta che comunichiamo faccia a faccia. È un linguaggio non verbale che enfatizza o altera il significato del linguaggio diretto che usiamo. Parliamo agli altri attraverso i movimenti del nostro corpo, la postura, il contatto visivo, i gesti delle mani, il tono e il volume della voce, le espressioni facciali e le micro espressioni che hanno un significato per noi e per il nostro pubblico.

In effetti, comunicare attraverso il linguaggio del corpo e altri segnali non verbali potrebbe anche essere abbastanza divertente. Man mano che lavori sulle tue capacità di comunicazione, acquisirai naturalmente abilità migliori su come interpretare il linguaggio del corpo che gli altri ritraggono e che ha anche i suoi benefici.

Sfrutta il linguaggio del corpo per fare una grande impressione

QUANTO È AFFIDABILE IL LINGUAGGIO DEL CORPO?

Il linguaggio del corpo non è solo potente, di solito è anche affidabile per rivelare i tuoi veri sentimenti. Tuttavia, il linguaggio del corpo non è tutto se la

65

persona che lo esprime non sa come manipolarlo bene.

Come abbiamo detto in precedenza, il linguaggio del corpo viene trasmesso la maggior parte del tempo, che tu intenda rivelarlo o meno. Tuttavia devi stare attento quando valuti il linguaggio del corpo di qualcun altro. Puoi interpretarlo in un modo, ma il gesto può significare qualcosa di completamente diverso per qualcun altro.

Esempi di linguaggio del corpo

I seguenti esempi di linguaggio del corpo sono comuni. Di solito è facile discernere il loro significato una volta che li hai imparati.

- Braccia incrociate sul petto

Le tue braccia e le tue gambe sono forse uno dei primi tipi di comunicazione non verbale che le persone notano quando ti vedono. Puoi usarli per un linguaggio del corpo positivo o negativo.

Stare seduti o in piedi con le braccia incrociate sul petto è quasi sempre visto come un linguaggio del corpo difensivo. Universalmente, le persone vedono una persona che ha incrociato le braccia come insicura, infastidita o chiusa. Quando lo fai, sei chiuso e disimpegnato. Potresti sembrare arrabbiato o testardo.

Se vedi qualcuno con le braccia e le gambe incrociate per un lungo periodo di tempo, ricorda che potrebbe indicare che la temperatura in cui ti trovi è troppo fredda. Potrebbe anche significare che sono stanchi o semplicemente sostengono le spalle su una sedia senza braccioli.

- Sorriso

I sorrisi possono significare cose diverse, a seconda dell'esatta espressione facciale. Ci sono sorrisi felici, sorrisi timidi, sorrisi caldi e sorrisi ironici. Il sorriso di Duchenne consiste nel sollevare gli angoli della bocca mentre si stringono gli occhi per formare zampe di gallina. È considerato un sorriso genuino, al contrario di un sorriso falso in cui esponi semplicemente i denti. Hai mai sentito parlare del termine "occhi sorridenti"? Alcune persone sono davvero brave a inviare un sorriso attraverso il contatto visivo diretto. Quando mostri un autentico sorriso Duchenne, fai sapere alle persone che sei disponibile e amichevole.

- Toccarsi le dita

Quando tocchi le dita, sembri impaziente e forse nervoso per l'attesa.

- Inclinare la testa da un lato

Quando inclini la testa di lato di solito significa che stai ascoltando attentamente e profondamente, interessato a scoprire le informazioni che ti vengono dette. Può anche significare che ti stai concentrando molto intensamente.

- Incrociare le gambe

Il modo in cui incroci le gambe può dire agli altri molto di te e di come ti senti in un dato momento. Se le incroci alla caviglia, potrebbe mostrare che stai cercando di nascondere qualcosa. Se le incroci all'altezza del ginocchio ma punti le ginocchia lontano dall'altra persona, dimostri che sei a disagio con loro. Nella maggior parte dei casi, l'opzione migliore è piantare saldamente i piedi sul pavimento.

Un termine comune correlato al linguaggio del corpo è la posizione della "figura quattro". Per sederti in questo modo, allunga le braccia e le gambe in avanti e poi incrocia una caviglia sopra il ginocchio, con le gambe incrociate in alto e la regione pelvica aperta. Con le gambe incrociate in questa posizione, il tuo corpo assume la forma del numero quattro. Il messaggio di comunicazione non verbale rappresentato dalla posa della "figura quattro" è che sei potente e prepotente. Quando le tue braccia e le tue gambe sono aperte e rilassate, invii una comunicazione non verbale che sei sicuro e accessibile.

Sfrutta il linguaggio del corpo per fare una grande impressione

- Tirare l'orecchio

Quando ti tiri l'orecchio, mostri che stai cercando di prendere una decisione ma non ci sei ancora arrivato. Tendi a sembrare indeciso o non impegnato.

- Mettere la testa tra le mani

Quando metti la testa tra le mani potrebbe significare che sei annoiato, come se fossi così stanco della vita da non riuscire più a tenere la testa alta. Oppure può significare che sei turbato o ti vergogni così tanto da non voler mostrare la tua faccia.

- In piedi dritto

Stare eretti con una buona postura mostra che ti senti sicuro.

- Gesticolare con le mani aperte e con i palmi rivolti verso l'alto.

Quello che fai con le tue mani fa una grande differenza per determinare se le persone si fidino di te o meno. Tieni le mani aperte e fai un gesto con i palmi rivolti verso l'alto per mostrare che no, non hai nulla di nascondere.

- Contatto visivo

Devi stabilire un contatto visivo con la persona con cui stai parlando se vuoi che si senta a suo agio con la conversazione e accetti ciò che hai da dire. Quando diventi un amico, di solito a loro non importa avere un contatto visivo con te più a lungo ed è meno rilevante.

- Guardare giù

Guardare il pavimento o il suolo ti fa sembrare debole e poco sicuro di te. A meno che non ci sia qualcosa di cui devi discutere laggiù, devi mantenere gli occhi all'altezza del viso dell'altra persona. Quando interrompi il contatto visivo, come dovresti fare ogni pochi secondi, prova a guardare di lato.

- Strofinare le mani insieme

Vuoi mostrare quanto sei entusiasta di un nuovo progetto? Basta strofinare le mani insieme vigorosamente.

- Attorcigliarsi i capelli

Spesso, film e programmi TV usano il gesto di torcere i capelli per mostrare un flirt o interessamento. Questo potrebbe essere il significato che ottieni quando qualcuno si torce i capelli, specialmente se ti guarda attraverso le ciglia mentre lo fa.

Tuttavia, se sei in un colloquio di lavoro, sembrerai solo nervoso e a disagio.

- Microespressioni

Le microespressioni sono espressioni facciali estremamente brevi che si verificano in circa 1/25 di secondo. Accadono quando cerchi di trattenere le tue emozioni. Quando vedi qualcuno che mostra una microespressione, di solito significa che sta cercando di nasconderti qualcosa. Tuttavia, se impari a individuarli, puoi ottenere una posizione di vantaggio in qualsiasi tipo d'interazione.

- Camminare a passo svelto

Quando vuoi dimostrare la tua autostima, cammina con decisione e con fierezza. Che tu stia andando in un luogo specifico o meno, cammina come se stessi avanzando con sicurezza verso una destinazione importante.

- Mettere la mano sulla guancia

Quando tocchi la tua guancia con la mano, dimostri che stai pensando e valutando attentamente le informazioni che stai ricevendo. Quando vedi qualcuno fare questo mentre parli con lui, di solito puoi presumere che ti stia prendendo abbastanza sul serio da considerare ciò che stai dicendo.

- Strofinare gli occhi

Quando ti strofini gli occhi, di solito significa che dubiti o non credi a ciò che stai ascoltando. Se qualcuno si stropiccia gli occhi mentre parli, potresti trarre vantaggio dal fermarti e chiedere il suo feedback in modo da poter rispondere ai suoi dubbi.

- Strofinare o toccare il naso

Quando ti strofini o ti tocchi il naso con il dito indice, sembri disonesto. Se lo fai in una conversazione che richiede apertura e onestà, avrai difficoltà a raggiungere i tuoi obiettivi. E se vedi qualcun altro che si strofina il naso, è una buona indicazione che devi stare attento a non credere a tutto ciò che ti dice automaticamente.

- In piedi con le mani incrociate dietro la schiena

Prendi una posizione con le mani intrecciate dietro la schiena e gli altri potrebbero interpretarlo come rabbia, apprensione o frustrazione. Può sembrare una posa carina e informale, ma in realtà può mettere gli altri a disagio e diffidenti nei tuoi confronti.

- Pizzicare il ponte del naso

Quando chiudi gli occhi e ti pizzichi il ponte del naso, sembra che tu stia facendo una valutazione negativa di ciò che sta accadendo nella conversazione. Se qualcuno prende questa posa con te, potresti dover adottare un approccio diverso per ottenere il loro sostegno per il tuo obiettivo.

- In piedi con le mani sui fianchi

Questa posa è complicata. In alcuni casi, può significare che ti senti arrabbiato e potresti comportarti in modo aggressivo. In altri, potrebbe semplicemente significare che sei entusiasta e pronto a fare qualcosa. Il modo in cui qualcuno potrebbe interpretare il tuo significato di questa posizione potrebbe avere a che fare con il tuo uso dello spazio personale.

COME INVIARE I MESSAGGI GIUSTI CON IL TUO LINGUAGGIO DEL CORPO

Imparare esempi di linguaggio del corpo è un ottimo primo passo per inviare i giusti messaggi. Ti aiuta anche a leggere i messaggi non detti e i segnali non verbali che gli altri ti stanno inviando.

Tuttavia, conoscere i movimenti, i gesti e le espressioni facciali giusti non può che portarti lontano. Se vuoi avere interazioni sane e produttive con gli altri, potresti dover lavorare per una migliore comprensione di te stesso e delle persone nella tua vita.

Le coppie che interpretano male il linguaggio del corpo dell'altro possono rapidamente arrabbiarsi, essere deluse o perdere il contatto l'una con l'altra. Se hai bisogno di aiuto per imparare a comunicare con la tua dolce metà o con chiunque altro, potrebbe essere utile parlare con un terapista.

Puoi diventare fluente nel linguaggio del corpo. Ancora meglio, puoi sviluppare le tue qualità in modo che il tuo linguaggio del corpo mostri naturalmente agli altri la persona meravigliosa che sei veramente!

COMPETENZE TRASVERSALI: 10 CONSIGLI SUL LINGUAGGIO DEL CORPO PER I LEADER

Il linguaggio del corpo è importante quando i leader comunicano, anche uno contro uno. Impara come far funzionare la tua comunicazione non verbale.

Con oltre 50 milioni di visualizzazioni, il TED Talk di Amy Cuddy sulle posture di potere offre un esempio illuminante del potere delle soft skills. In esso, così come nel suo libro di follow-up sugli effetti corpomente, la Cuddy parla di come piccoli aggiustamenti nel linguaggio del corpo possono avere un grande impatto su come le persone vedono gli altri - e come vedono se stesse.

Come altre soft skills, il miglioramento del linguaggio del corpo richiede una pratica continua.

Il linguaggio del corpo è fondamentale, ma è probabilmente la soft skill che riceve la minor quantità di attenzione.

"Il linguaggio del corpo è uno dei modi più importanti con cui comunichiamo con gli altri, ma è probabilmente l'abilità che riceve la minor quantità di attenzione da parte degli individui", afferma Anne Baum, autrice di *Piccoli errori, grandi conseguenze: Sviluppa le tue abilità trasversali per aiutarti ad avere successo*. "È di fondamentale importanza considerare il linguaggio del corpo poiché invia segnali non verbali che possono minare le parole che vengono dette".

I leader hanno ancora più incentivi a lavorare su questa abilità, afferma Leila Bulling Towne, executive coach presso The Bulling Towne Group, LLC. "Man mano che il tuo titolo diventa più grande, di solito sei fisicamente più lontano dalle persone e dal lavoro generale dell'azienda o dell'ufficio", spiega. "Potresti trovarti in una suite di uffici o su un piano specifico. La gente ti vede di meno. Quando il tuo team, o quelli che fanno capo alla tua funzione, vedono, come muovi le mani e il corpo e cosa fai con i tuoi occhi (o meno), ciò ha un impatto maggiore di quanto pensi. Dal momento che non ti osservano spesso, quando lo fanno esaminano le tue parole e le tue azioni ".

1. Decidi cosa vuoi trasmettere

Edward Schiappa, professore di studi comparativi sui media al MIT e istruttore principale del prossimo Bootcamp sulle comunicazioni persuasive del MIT Professional Education: "Quasi tutto ciò che facciamo: come camminiamo, parliamo, gesticoliamo, guardiamo le persone, stringiamo la mano, ci sediamo, sistemiamo il nostro ufficio, vestirsi, pettinare i capelli, ecc. - comunica qualcosa su chi siamo. Quindi il primo passo cruciale da considerare per i leader è: chi sono "Io" che presento ai miei colleghi e ai team? Sto trasmettendo le qualità che voglio trasmettere?".

"Pensa a come comunichiamo l'affidabilità: buon contatto visivo, rispetto e fiducia dei propri colleghi o membri del team, dimostrazione di supporto nella conversazione non verbale. Importa letteralmente se ti pieghi in avanti o ti appoggi allo schienale di una sedia: uno trasmette interesse e coinvolgimento, uno inizia a implicare la distanza. Quindi il modo in cui ti comporti fisicamente può fare un'enorme differenza. In breve, l'errore da evitare è adottare un linguaggio del corpo non sincronizzato con il comportamento che definisce il leader che vuoi essere. "

2. Rimani autentico

Elizabeth Gilbert, ricercatrice, PsychologyCompass .com: "Non esiste un approccio valido per tutti. Invece, abbina la tua comunicazione non verbale sia al tuo pubblico che a te stesso. La comunicazione è un'esperienza sociale, quindi quando lavori sul tuo linguaggio del corpo, considera con chi stai parlando e cosa vuoi trasmettere. Ad esempio, se vuoi essere autorevole, usa un linguaggio del corpo espansivo (pensa alla "diffusione dell'uomo") e grandi gesti. Se vuoi essere amichevole e mettere gli altri a proprio agio, prendi in considerazione l'uso di gesti più sottili e occupando meno spazio fisico.

"Allo stesso tempo, la tua comunicazione non verbale dovrebbe farti sentire a tuo agio. Questo non vuol dire che non puoi migliorare la tua comunicazione non verbale: puoi e dovresti praticare nuove abitudini come piegarti fisicamente, posare in modo energico, usare gesti delle mani corrispondenti, ecc. Tuttavia, se fingi costantemente di essere un forte, super-estroverso espressivo quando sei davvero un introverso più riservato (o viceversa), questo può essere dannoso per il tuo benessere. Potrebbe anche sembrare non autentico. Quindi considera come abbinare il tuo comportamento non verbale al tuo vero Io e alla tua vera essenza.".

3. Trova l'equilibrio tra il linguaggio del corpo aperto e chiuso

Una postura di potere può renderti un presentatore fiducioso, ma in determinate circostanze può essere vista come arroganza.

Kyle MK, consulente di leadership e autore di *The Economics of Emotion*: "I manager possono spingersi troppo oltre su entrambi i lati dello spettro. Possono essere troppo aperti e desiderosi con il loro linguaggio del corpo, il che spesso mette a disagio i team e i dipendenti. Ad esempio, una posa di potere può rendere i leader più fiduciosi dei presentatori, ma in determinate circostanze (come quando sei la persona più influente nella stanza), può essere vista come arroganza.

"Oppure possono essere troppo chiusi, il che porterà i membri del team a credere che al loro manager non importi. I leader che tengono la testa bassa sono spesso considerati miti o dubbiosi, quindi qualsiasi decisione prendano farebbe sentire la squadra insicura. La cosa giusta da fare qui è essere rilassati e consapevoli del messaggio che stai inviando con il tuo linguaggio del corpo".

4. Mostra che stai ascoltando

Jeffrey Davis, coach del discorso esecutivo, Speak Clear Communications: "È importante che i dirigenti comunichino ai colleghi che sono nel momento e ascoltano. Le cose semplici aiutano: siediti, mantieni il contatto visivo, usa movimenti aperti mentre gestisci e mantieni la punta delle dita leggermente a contatto mentre riposi le mani. Ascoltare, relazionarsi, connettersi emotivamente: questi sono i valori da esprimere con la tua comunicazione non verbale. Mi starei lontano da qualsiasi gesto o movimento che contraddica questi valori, come le braccia incrociate o l'allineamento spinale floscio ".

5. Il contatto visivo crea fiducia

Anne Baum, autrice *di Piccoli errori, grandi conseguenze: sviluppa le tue abilità trasversali per aiutarti ad avere successo*: "Il contatto visivo è incredibilmente importante come leader. Guardare i membri del tuo team direttamente negli occhi e concentrarsi per ascoltare (non solo per rispondere) crea fiducia tra un leader e i membri del loro team. Quando un leader si guarda intorno e non si concentra sulla squadra, sembra distratto o insincero. Questo distrugge la fiducia e non importa quali parole vengano dette".

6. Tieni le mani aperte

I grandi leader sono aperti alle idee e sono ricettivi nei confronti delle persone che li circondano.

Erica B. McCurdy, master coach certificata e consulente strategico, McCurdy Strategy Group: "Tieni le mani aperte. Sorprendentemente, chiudere i pugni o stringere le mani non solo aumenta la tensione nel tuo corpo, ma anche la tensione nel modo in cui ti presenti agli altri. I grandi leader sono aperti alle idee e sono ricettivi nei confronti delle persone che li circondano. Non puoi rimanere aperto se il tuo corpo e la tua mente sono chiusi. Aprire le mani è un modo fisico per ricordare a te stesso di mantenere una mentalità aperta durante le riunioni, le presentazioni e le negoziazioni".

"Inoltre, tieni le mani lontane dal viso. Anche se questo consiglio non dovrebbe essere detto a nessuno dopo la scuola elementare, rimarrai sorpreso dalla frequenza con cui le persone dimenticano di tenere le mani lontane dal viso durante le riunioni. L'elemento disgusto è super potente, così potente che può prevalere su quasi ogni altra sensazione che si verifica in una riunione. Quindi tieni le mani basse e la testa alta".

7. Limita le distrazioni che allontanano la tua attenzione

La dottoressa Ariane Machin, professoressa di psicologia alla Purdue University Global e co-fondatrice del Conscious Coaching Collective: "Presta attenzione alla persona con cui stai parlando. Sembra semplice, ma con le nostre molte distrazioni (telefono, messaggi di testo, toni che provengono dal nostro computer o telefoni, ecc.), Non siamo mai stati più distratti come cultura. Anche il tuo tono di voce è qualcosa cui prestare attenzione. Stai parlando con un tono sicuro e autorevole o stai esitando con le parole approssimative? Saranno tutti segnali per la persona con cui stai interagendo".

8. Prova a eseguire il mirroring nelle interazioni uno contro uno

"Considera il mirroring. La prossima volta che parli con qualcuno faccia a faccia, nota se inclina la testa, se parla velocemente o lentamente, quanto sono vicini o lontani da te, la loro postura, ecc. E, se possibile, vedi se puoi replicarlo lentamente. Fallo solo se ti senti a tuo agio. Scoprirai che l'altra parte si sentirà più a suo agio con te".

9. Mostra empatia

Vijay J. Marolia, chief investment officer, Regal Point Capital: "Credo che la postura e il tono (della voce) siano di fondamentale importanza. Se uno dei due risulta troppo duro, l'ascoltatore può assumere automaticamente una mentalità difensiva, riducendo l'impatto del messaggio previsto. Il giusto tono, accompagnato dalla giusta postura (quella che mostra empatia), può aggiustare le conversazioni più scomode".

"Un grosso errore che i leader commettono è apparire distratti o disinteressati quando vengono contattati. Sebbene i leader siano impegnati, i loro dipendenti sono persone che hanno sentimenti, bagagli di esperienze, speranze e preoccupazioni. I leader dovrebbero trasmettere empatia e comprensione, anche nei momenti più frenetici, e il linguaggio del corpo è un modo in cui possono farlo".

10. Attenzione alla scansione della stanza e all'approvazione

Leila Bulling Towne, executive coach, The Bulling Towne Group, LLC: "Il contatto visivo sembra semplice, ma può essere complicato, anche per i leader con decenni di esperienza". Il vero contatto visivo significa che stai guardando una persona e sostenendo quel contatto per cinque o sette secondi. Guardare le persone solo per un secondo o due non è un contatto visivo. La "scansione" della stanza invia un messaggio che stai cercando qualcuno con cui connettersi meglio. Quindi coloro che ricevono solo uno o due sguardi sentono di non essere importanti.

CPSIA information can be obtained
at www.ICGtesting.com
Printed in the USA
LVHW050727271220
675069LV00013B/328

9 781801 540391